DÉFENSE

PRÉSENTÉE

Par M. Adolphe Michel,

GÉRANT DE LA GAZETTE CONSTITUTIONNELLE DE L'ALLIER,

A l'audience du Tribunal de Police correctionnelle
de Moulins ,

LE 5 MARS 1830.

DEFENSE

PRÉSENTÉE

Par M. Adolphe Michel,

GÉRANT DE LA GAZETTE CONSTITUTIONNELLE DE L'ALLIER ;

A l'audience du Tribunal de Police correctionnelle
de Moulins ,

LE 5 MARS 1830.

NEVERS,

IMPRIMERIE DE ROCH FILS,

Place Saint-Sébastien.

1830.

SOMMAIRE.

Sommaire.

———

Tout le monde sait que depuis l'avènement du ministère du 8 août, tous les principes politiques servant de base à notre système représentatif, ont été attaqués avec autant d'audace que de persévérance, dans des journaux et des brochures, par des écrivains que l'opinion publique a toujours signalés comme les organes officieux ou salariés du pouvoir. La *Gazette constitutionnelle de l'Allier*, vouée à la défense de nos institutions nouvelles, à la propagation des doctrines généreuses et des principes de liberté, ne pouvait rester étrangère à la polémique suscitée par les apôtres de l'intolérance et de l'absolutisme. Ses rédacteurs, épris de tout ce qui peut faire palpiter de jeunes cœurs, se jetèrent, avec la franchise et la vivacité de leur âge, dans la lice périlleuse que leurs adversaires avaient ouverte. La doctrine du pouvoir constituant, surgie, un beau matin, de la minerve judiciaire de M. Cottu, fut par eux énergiquement combattue, et son auteur stigmatisé de ridicule; ils défendirent avec quelque courage le principe des associations pour le refus de l'impôt; les premiers, ils signalèrent à la France le machiavélisme de certaines circulaires, et plus d'un

abus fut enregistré dans leur colonnes. Les haines et
les rancunes s'accumulaient autour de la feuille indé-
pendante : bientôt ses jeunes rédacteurs devinrent per-
sonnellement l'objet d'attaques hebdomadairement ac-
cueillies par le *Journal de l'Allier* , feuille semi-offi-
cielle du département. Dans cette lutte qui n'avait
d'autre but que d'entraîner les écrivains de la *Gazette
constitutionnelle* hors du cercle des discussions sérieu-
ses qu'ils s'étaient prescrites , ils s'étudièrent à mettre
de leur côté les hommes graves et consciencieux ; ils
répondirent à des injures par des raisons , à des dia-
tribes par des principes.

Cependant les apôtres de la prérogative allaient toujours prêchant dans la *Gazette de France* , dans la *Quotidienne* , dans le *Drapeau blanc* , leurs doctrines liber-
ticides. Le droit divin était descendu jusques dans les
colonnes du *Journal de l'Allier* , sous le titre de Prérogative royale. Ce fut alors que la *Gazette constitutionnelle* se crut obligée d'opposer à de gothiques uto-
pies , les principes éternels de la raison et de la vérité.
L'entreprise était périlleuse ; car les réquisitoires sont
aujourd'hui la dernière raison de ceux qui ont tort ;
mais fallait-il laisser à l'erreur le monopole de la discussion ? Le rédacteur en chef de la *Gazette constitutionnelle* composa donc l'article *sur la Prérogative
royale* , que l'on trouvera à la suite de cet exposé. Cet
article devait paraître dans le numéro du 27 janvier :
déjà il était presqu'entièrement composé à l'imprimerie,
quand les imprimeurs de la *Gazette constitutionnelle* ,

qui sont en même temps propriétaires-éditeurs du
Journal de l'Allier, trouvèrent à propos de s'opposer
à sa publication, s'appuyant de leur responsabilité.
Cette prétention paraissait si peu fondée au Sr Michel,
qu'il était déterminé d'abord à traduire ses imprimeurs
devant les tribunaux. Il annonça dans son numéro du
27 janvier, l'incident qui compromettait l'indépendance de sa rédaction et dont il se proposait d'obtenir
raison par les voies judiciaires. Les propriétaires du
Journal de l'Allier, dans leur numéro du 29 janvier,
répondirent à la note du sieur Ad. Michel, en dé-
nonçant l'article par eux refusé, comme *attentatoire*
aux droits et à la dignité de la couronne. L'éditeur de
la *Gazette constitutionnelle* ne pouvait rester long-
temps sous le poids d'une accusation aussi grave : **il**
renonça donc aux voies judiciaires, et pour éclairer la
conscience du public, il fit imprimer chez le sieur
Roch, à Nevers, un supplément à la *Gazette consti-*
tutionnelle du 3 février, contenant l'article dénoncé
par les imprimeurs-journalistes de Moulins.

Les circonstances qui avaient précédé la publication
de cet article, avaient dû exciter, au plus haut point,
l'attention publique. En général on s'étonnait de la
méticuleuse circonspection des imprimeurs moulinois.
Cependant l'alarme était grande parmi les prérogativans ; le *Journal de l'Allier* continua à se rendre,
contre la *Gazette constitutionnelle*, l'écho des plaintes
et des dénonciations de la coterie : les clameurs se tu-
rent à peine devant un réquisitoire.

Ce ne fut que le 11 février , huit jours après la publication de l'article dénoncé , que fut lancée la plainte de M. le Procureur du Roi. Le 18, les sieurs Michel , auteur, et Roch, imprimeur de cet article, comparurent devant M. le Juge d'instruction. Alors , ils apprirent que, par la publication du supplément du 3 février, ils s'étaient , de complicité, rendu coupables «des délits » d'attaque contre la dignité royale, contre l'ordre de » successibilité au trône , contre les droits que le Roi » tient de sa naissance , et contre l'inviolabilité de sa » personne ; en tournant en dérision le principe sur le- » quel repose la légitimité, en cherchant à établir le » principe anarchique de la souveraineté du peuple , et » en menaçant le Roi de la déchéance. »

Assignés par suite d'une ordonnance du conseil, en date du 19 février, les sieurs Ad. Michel et Roch ont comparu le 5 mars 1830 , devant le tribunal de police correctionnelle de Moulins.

C'était pour la première fois qu'une affaire de ce genre se présentait devant le tribunal de Moulins ; aussi la foule se pressait-elle dans l'auditoire. On remarquait plusieurs dames aux tribunes.

A onze heures l'audience a été ouverte : le tribunal était ainsi composé :

M. Pinturel , président ;

MM. Farradèche de Vialette , Charles , Giraudet-Boudemange et Jutier , neveu , juges.

Après l'interrogatoire des prévenus , M. Meilheurat, procureur du roi , dans un réquisitoire que les juges ont qualifié de *brillante et savante plaidoirie* , et que nous nous contenterons d'appeler *énergique* , a développé et soutenu les divers chefs exprimés dans l'acte d'accusation.

Après avoir rappelé aux Magistrats, comme une preuve de leur indépendance , le jugement qui mit fin à l'exil de la *Gazette constitutionnelle* , jugement qui devint , auprès de *certaines personnes* un sujet de critiques et de réclamations spécieuses , il compare les jeunes rédacteurs de la *Gazette constitutionnelle* à des enfans auxquels on aurait confié des armes à feu , dont ils ne connaîtraient ni le danger ni la portée. « Vous le voyez, Messieurs , les craintes suscitées par votre premier jugement n'ont été que trop réalisées ; les jeunes gens qui dirigent les destinées de la *Gazette constitutionnelle* , n'ont usé d'un acte de justice que pour en abuser ; ils n'ont pas craint de vouer leur plume à la propagation des doctrines les plus perverses ». Après quelques considérations générales sur les devoirs de la magistrature , qui s'est toujours montrée fidèle à sa noble mission de défendre, à la fois, les droits du trône et les libertés publiques, M. le Procureur du Roi fait l'historique de l'article incriminé. « Quand le sieur Michel s'est décidé à faire imprimer son article à Nevers , ce n'est point devant les lenteurs de la justice qu'il a reculé : la justice ne se fait jamais attendre ; mais il a senti que ses doctrines seraient réprouvées par la sagesse des juges ; et cédant plutôt à des conseils perfides qu'à ses propres penchans peut-être ; plutôt à l'amour-propre blessé qu'à de mûres réflexions , il a cherché , dans le scandale d'une publication coupable , un succès indigne de son talent.

M. le Procureur du roi parcourt successivement les différens chefs d'accusation :

« Le sieur A. Michel a tourné en dérision le principe de la légitimité ; ce grief résulte de la manière dont il semble avoir traduit et commenté pour ses lecteurs, dont la plupart , sans doute , ne savent pas le latin, le *per me reges regnant* de l'Ecriture sainte, traduction ou commentaire où l'auteur donnerait à entendre que les rois ne sont que des tyrans , qui regardent les peuples comme dévoués à leur bon plaisir et à leurs caprices ; cette interprétation , par la pensée et par la forme qu'elle a reçue de l'écrivain , n'est pas moins outrageante pour la divinité elle-même , que pour la royauté. Le système de dérision adopté par l'auteur , est encore rendu plus évident par ce passage où il est parlé de *certains dogmes , dont il ne faudrait jamais approcher le scalpel de l'examen*, rapproché de celui où il est question *de tous les paladins de la royauté, fille du ciel ;* expression de mépris qui s'adresse aux rois eux-mêmes, puis qu'il n'est pas un monarque du monde civilisé , quelque soit le dogme qu'il professe en matière de religion , qui ne s'intitule *roi par la grâce de Dieu.*

Mais attaquer la légitimité dans sa source divine ,

n'est-ce pas attaquer les fondemens même de l'ordre
social ? Le gouvernement appuyé sur la légitimité est
le seul qui convienne à un grand peuple ; la légitimité
est le rempart le plus sûr contre l'anarchie et la guerre
civile , et la religion est la pierre angulaire de la légitimité. M. le Procureur du Roi s'appuie des opinions
de MM. Royer-Colard et de Chateaubriand.

Passant ensuite au second chef d'accusation , M. l'A-
vocat du Roi soutient que, par sa théorie sur l'origine du
pouvoir , par sa prétention évidente d'opposer à la prérogative royale , ce qu'il appelle la *prérogative populaire,*
le sieur Michel n'a fait que proclamer , sous un autre
nom , le principe anarchique de la souveraineté du peuple. M. Meilheurat combat , à la fois , les raisonnemens
métaphysiques et historiques de l'auteur de l'article ,
qui a , dit-il , falsifié l'histoire au profit de ses doctrines.
L'argument puisé dans l'existence matérielle des sociétés , antérieure à leur organisation politique , ne
prouve rien , puisque Dieu existait avant les peuples ,
et que l'on ne peut , sans faire profession d'athéisme,
contester cette maxime de l'Évangile , *que tout pouvoir
vient de Dieu.*

« Mais le sieur Michel soutiendra-t-il qu'il n'a pas voulu
prêcher la souveraineté du peuple , lorsque lui-même
n'a pas craint de donner le commentaire de sa pensée ,
en élevant ses attaques jusqu'au chef de la dynastie ,
qu'il menace de la déchéance ? Cette menace résulte
évidemment d'un passage où le sieur Michel ose affirmer

que si la prérogative royale s'écartait jamais de son
orbite , elle n'y rentrerait que pour passer en des mains
autres que celles qui l'auraient égarée ». Ici l'accusation
fournit naturellement à M. le Procureur du Roi l'occasion d'une vive et énergique protestation d'amour et
de dévouement pour le trône constitutionnel , et pour
l'auguste dynastie qui l'occupe depuis Henri IV.

Cependant la pensée émise si clairement par le sieur
Michel n'est pas seulement odieuse : elle est incons-
titutionnelle ; elle est contraire à cet axiome du système représentatif que *le roi ne saurait mal faire*; elle
tend à courber la majesté du Roi sous le poids d'une
responsabilité qui ne doit retomber que sur ses ministres. Tel est le dernier argument invoqué par M. le
Procureur du roi , à l'appui de son accusation contre
le gérant de la *Gazette constitutionnelle*.

Quant au sieur Roch , M. l'Avocat du roi soutient que
les circonstances dans lesquelles il avait imprimé l'article incriminé , ne permettaient pas de supposer qu'il
eût agi non sciemment. Il ne pouvait pas ignorer le
refus opposé par l'imprimeur ordinaire de la *Gazette
constitutionnelle* ; ce refus devait exciter sa vigilance
et l'engager à un examen plus scrupuleux de l'article;
il a donc dû le lire avant de le livrer à l'impression ,
et c'est évidemment en connaissance de cause qu'il a
participé à sa publication.

Après avoir résumé l'accusation , l'organe du ministère public termine en ces termes :

«Nous avons présenté les charges qui nous ont paru
s'élever contre les deux prévenus. Nous avons relevé
avec franchise et sincérité tout ce que nous avons
trouvé de répréhensible dans l'article incriminé. At-
taché comme français et comme magistrat, par conviction et par devoir, à la royauté et à la charte, nous
n'avons pu les voir attaquer l'une et l'autre sans éprou-
ver une douleur profonde, et sans l'exprimer *avec cha-
leur*. Qu'il nous soit permis maintenant de témoigner
quelque regret de la nécessité où nous sommes d'appeler votre sévérité sur un jeune homme que ses talens
et sa conduite passée rendent digne de notre intérêt.
Nous aimons à croire que, s'il n'eût écouté que ses
propres inspirations, l'article qui l'a amené devant
vous n'aurait jamais paru dans son journal. Nous nous
estimerions heureux de pouvoir le recommander à votre
indulgence; mais la faute qu'il a commise est trop grave,
et son impunité aurait des conséquences trop funestes.
Si vous proclamiez, par votre décision, qu'il est permis
aux journalistes de remettre en question la légitimité du
prince, et d'établir la souveraineté du peuple; qu'ils
peuvent impunément dicter au roi la conduite qu'il doit
suivre, et lui annoncer avec arrogance que s'il s'en
écarte, son sceptre héréditaire passera en d'autres
mains, votre jugement retentirait dans toute la France,
et l'auteur de l'article incriminé ne manquerait pas d'i-
mitateurs. La royauté, en butte à des attaques et à des
outrages sans cesse renouvelés, finirait par être dé-
gradée et avilie, au lieu d'être entourée, comme elle doit
l'être, d'hommages et de respects. Le peuple, entendant

JUGEMENT.

Résumé des Débats.

Les deux prévenus ont été interrogés et ont par leurs réponses *reconnus l'autenticité* des délits qui leur sont imputés.

Les deux prévenus interrogés, M. le Procureur du *Roy* reprenant la parole a par un BRILLANT ET SAVANT *plaidoier* développé TOUT L'ODIEUX de l'art. incriminé et dont s'est reconnu Adolphe Michel être l'auteur en faisant ressortir tous les principes anarchiques et *subversibles* des trônes légitimes que n'a pas craint le gérant de la Gazette constitutionnelle de l'Allier de publier par la voie de l'impression dans son supplément au numéro de cette Gazette du 3 février dernier ; en portant atteinte à la dignité royale, et en tournant en dérision l'autorité du *Roy* sur ses peuples ; et a terminé sa plaidoirie en requérant contre Adolphe Michel, comme auteur de cet article, et contre Edme Roch imprimeur comme complice du même délit en l'imprimant, l'application de l'art. 2 de la *loy* du 25 mars 1822, combiné avec l'art. 1ᵉʳ de la *loy* du 17 *may* 1819, et tous les deux conjointement et solidairement aux *dépends* de la procédure.

M. le Procureur du *Roy* entendu. Mᵉ Valleton, avocat et *deffenseur* de François-Adolphe Michel a conclu à ce qu'attendu que l'art. incriminé ne présente *aucuns* des caractères prévus par la loi invoquée par le ministère public, il plaise au tribunal renvoyer ledit Adolphe Michel des poursuites dirigées contre lui, et a l'*appuy* de ses conclusions il a *dévelopé* les moyens qui militaient en faveur de sa partie.

Et à la suite de sa plaidoirie *(par un renvoi, en marge)* Adolphe Michel a présenté au tribunal QUELQUES MOYENS dans l'intérêt de sa défense.

I

Mᵉ Tessier aussi avocat et *deffenseur* du sieur Edme Roch a conclu à ce qu'il *plut* au tribunal le renvoyer des poursuites exercées contre lui , en ce que pour être complice de l'article incriminé il aurait *falu* qu'il *eut agit* sciemment en le livrant à l'impression , et que rien dans la cause ne l'établit. Il a ensuite établi quelques moyens *analogues à la conduite* qu'a tenue son client qui de son *avocu* n'a pas lu l'art. incriminé qui lui a été adressé par Adolphe Michel.

M. le procureur du *Roy* , *d'après* la plaidoirie des avocats a *refuté* par une ʟᴜᴍɪɴᴇᴜꜱᴇ réplique tous les moyens qu'ils ont fait valoir dans l'intérêt de leur cause et a persisté dans son réquisitoire contre les deux prévenus.

MOTIFS ET DISPOSITIF DU JUGEMENT.

En ce qui touche Adolphe Michel ,

Considérant en fait , qu'il s'est reconnu l'auteur de l'article inséré dans le supplément au n° 5 de la Gazette constitutionnelle de l'Allier du 3 février dernier , ayant pour titre *Sur la prérogative royale.*

Considérant que l'article incriminé porte atteinte à la dignité royale ; en tournant en dérision l'exercice de l'autorité du *Roy* sur ses peuples.

Considérant que cet article attaque directement les droits que le Roi tient de sa naissance , et l'inviolabilité de sa personne *garentie* par la Charte , en le menaçant de la déchéance , ou de voir passer son autorité en d'autres mains , dans le cas où sa prérogative viendrait s'exercer hors des limites de son orbite.

Que l'énonciation de ces pensées par la voie d'un journal contient évidemment la publication de principes anarchiques et subversifs des trônes légitimes.

Attendu que tous ces faits constituent le délit prévu par l'art.

2 du titre 1er de la *loy* du 25 mars 1822 , combiné avec l'art. de la loi du 17 mars 1819.

Le tribunal , par jugement en premier ressort et faisant l'application des articles de loi dont lecture a été faite par le président, déclare atteint et convaincu François-Adolphe Michel, d'être l'auteur de l'article incriminé intitulé *Sur la prérogative royale* et inséré dans le supplément au n° 5 de la Gazette constitutionnelle de l'Allier , en date du 3 février 1830.

Pour réparation de *quoy* le condamne en trois mois d'emprisonnement, en trois *cent* francs d'amende et aux *dépends* de la procédure , en exécution de l'art. 194 du code d'instruction criminelle , dont lecture a été faite à l'audience par le président.

En ce qui touche Edme Roch , imprimeur ,

Attendu qu'il a toujours soutenu n'avoir pas *lue* la *feuille* incriminée , et que rien dans la procédure n'a prouvé le contraire.

Attendu que l'art. 24 de la *loy* du 17 mai 1819 ne rend l'imprimeur responsable qu'autant qu'il a *agit* sciemment.

Le tribunal le *renvoy* de la plainte dirigée contre lui , sans *dépends.*

Fait jugé , etc.

SUPPLÉMENT

AU N° 5 DE LA GAZETTE CONSTITUTIONNELLE

DE L'ALLIER.

(3 Février 1830.)

Supplément

AU N° 5 DE LA GAZETTE CONSTITUTIONNELLE

DE L'ALLIER.

(3 Février 1830.)

SUR LA PRÉROGATIVE ROYALE.

La prérogative royale est dans la Charte, et, par‑
tant, hors de toute discussion. Qui songe à la contester
ou à la restreindre ? On a donc ujet de s'étonner, en
voyant aujourd'hui tant de champions qui s'arment
pour elle et se croient obligés à la défendre. Pourquoi
cette levée de boucliers ? Serait‑ce qu'ils la trouvent
trop à l'étroit sur le terrain de la Charte ? On serait
tenté de le croire, à la complaisance qu'ils mettent à
énumérer ses brillantes attributions, au zèle qu'ils
apportent à reculer les limites de sa puissance, et sur‑
tout aux frais de logique et d'érudition qu'ils dépen‑
sent pour lui créer une origine toute céleste ; *car ils
font intervenir dans ce débat la majesté du Dieu de la
Genèse :* Per me reges regnant ; *c'est-à-dire, que les
peuples ont été créés et mis au monde pour le bon plaisir
des rois ; c'est une belle grâce que Dieu leur a faite,
et un grand honneur que les publicistes* prérogativans

'leur accordent. Pauvres peuples ! Il est vrai, comme
a dit un philosophe, qu'ils ne donnent ni ambassades,
ni chaires, ni pensions. *

Qu'on y prenne garde, pourtant ! Il est de ces ar-
gumens dont on ne peut, sans danger, pousser trop
loin les conséquences. *Il est surtout certains dogmes ,
dont il ne faudrait jamais approcher de trop près le
scalpel de l'examen, de peur de scandaliser la foi chan-
celante, et de travailler au profit de l'incrédulité.*

Que diraient tous ces paladins de la royauté fille
du ciel, si, les suivant sur le terrain où leur imprudence nous appelle, et remontant avec eux à l'origine
du pouvoir sur la terre, il nous prenait fantaisie d'opposer à ce qu'ils appellent la prérogative royale, quelque chose de moins brillant peut-être , mais non
moins respectable à nos yeux, et que nous appelle-
rions la prérogative populaire?

Ah ! sans doute, ils crieraient au blasphême, à l'hérésie, à la révolution enfin ; ils appelleraient au secours de
leur logique compromise l'éloquence des réquisitoires.

Mais une fois engagés dans cette lice qu'eux-mêmes
auraient ouverte , pourraient-ils nous empêcher d'é-
tablir *que l'existence matérielle des sociétés est antérieure
à leur organisation politique , et d'en conclure que les
peuples ont des droits antérieurs aux prérogatives de la
couronne ?*

* *Contrat social* , chap. II.

. Pourraient-ils nous empêcher d'établir que les gouvernemens ont été institués par les peuples et pour
les peuples ; qu'avant d'être à la royauté , le pouvoir
était dans le peuple ; qu'il n'a pu passer du sein de l'un
dans les mains de l'autre sans le consentement du premier, et que, par conséquent, *le pouvoir de la royauté
vient du peuple et nullement de Dieu ?*

Pourraient-ils nous empêcher d'établir que la loi
seule fait la légitimité ; que la volonté du peuple a fait
la loi * , et que, par conséquent , *tout pouvoir qui
répudie son origine populaire , abdique en même temps
sa légitimité ?*

Non, ils ne le pourraient pas ! car ces idées sont
trop simples pour être obscurcies par des sophismes,
trop universelles pour être étouffées par la violence.

*Mais eux, nous persuaderont-ils que la royauté vient
de Dieu ? Quoi ! nous admettrons l'apothéose du despotisme ! nous rendons la Divinité complice des excès d'un
tyran ! l'auteur de toute justice prendra sous son égide
la souveraine iniquité ! et tout un peuple tombera, sans
appel, à la merci d'un seul homme ! et ce peuple oppri-
mé n'aura pas même le droit de murmurer contre son
oppresseur ! L'absurde fait justice d'une semblable doctrine. Eh ! qui ne sait aujourd'hui que l'institution*

---

* Qu'on remarque bien que nous parlons seulement de la loi
qui a créé la royauté : aujourd'hui c'est le roi et les deux
chambres qui font la loi.

divine des trônes n'était qu'une supercherie sacerdotale ,
mise en crédit, au moyen âge , pour asservir plus facilement la puissance temporelle des rois à la domination
spirituelle des papes ?

Voudrait-on par hasard, nous ramener aux siècles
où un évêque écrivait à un roi barbare : Gardez-vous
» bien, sur-tout, de prendre la préséance sur les
» évêques » ? où un pape Etienne consacrait l'ursupa-
tion d'un Pépin, à charge de vassalité ? où un Grégoire
VII abaissait l'orgueil des couronnes royales devant
la puissance mystérieuse de la tiare ? Le délire de
quelques rêveurs d'utopie peut bien aller jusques-là ;
mais quel roi voudrait aujourd'hui reconnaître la suze-
raineté du Vatican ? quel peuple consentirait à voir son
roi dans le vassal de l'évêque de Rome ?

Dans notre France , du moins, on ne saurait contester l'origine plébéienne de la royauté; et c'est là ,
sur-tout , qu'est le secret de son existence de quatorze
siècles. Long-temps les Francs n'ont reconnu pour
leur chef que celui qu'ils avaient librement élevé sur
le pavois et unaniment proclamé l'élu des hommes
libres. Ouvrez le recueil des capitulaires , et vous y
verrez que, long-temps encore après Charlemagne ,
nos rois se disaient *constitués par l'élection du peuple.*

*Certes nous aurions trop beau jeu, si, la raison pour
guide et l'histoire à la main, nous entreprenions de re-
chercher où doit se trouver l'autorité constituante. Croit-
on qu'il nous serait bien difficile de ta montrer ailleurs*

que là où l'on affecte avec tant d'imprudence de la placer exclusivement, et de tirer d'une pareille discussion des conclusions peu favorables à cette prérogative qu'on veut nous montrer si menaçante !

Mais nous reconnaissons volontiers que, la société se trouvant aujourd'hui constituée sur des bases raisonnables et qu'il est de notre intérêt à tous de maintenir ; que la Charte, d'ailleurs, contenant la sanction et la garantie de toutes les libertés que nous pouvons désirer comme individus et comme peuple ; nous reconnaissons, disons-nous, que le mieux est de jouir avec sagesse de ce que nous avons, sans nous enquérir pourquoi et comment nous l'avons.

La Charte est un fait accompli, et c'est ainsi que nous devons la prendre. Malheur à qui voudrait porter sur elle une main téméraire !

Que la prérogative royale s'exerce donc dans toute sa plénitude ; mais qu'elle respecte les droits et les prérogatives qui forment avec elle l'ensemble de notre système représentatif. Que ceux qui la dirigent aient assez de bon sens pour s'apercevoir que hors de ses limites légales elle n'est plus rien, et *qu'en voulant s'élever jusqu'aux cieux elle tombe dans le vague et perd l'appui qu'elle trouvait sur la terre.* Mais ce n'est point la prérogative qui périrait ; car elle est indispensable à l'équilibre constitutionnel : *elle ne se serait pas plus tôt* écartée de son orbite qu'elle y rentrerait aussitôt ; mais alors elle passerait en d'autres mains que celles qui l'auraient égarée. C'est toujours par l'abus du pouvoir que périssent les dynasties.

DÉFENSE.

Défense

PRÉSENTÉE

Par M. Adolphe Michel,

GÉRANT DE LA GAZETTE CONSTITUTIONNELLE DE L'ALLIER,

A l'audience du Tribunal de Police correctionnelle
de Moulins,

LE 5 MARS 1830.

❉

MESSIEURS,

POUR que l'exercice légal de la liberté soit sans dangers pour celui qui s'y consacre, il ne suffit pas que la liberté soit dans le code d'un peuple ; il faut encore, il faut sur-tout qu'elle soit dans les mœurs et dans l'esprit de ce peuple. Mais l'homme est ainsi fait, Messieurs, qu'il se façonne promptement à l'esclavage, lentement à la liberté. Le despotisme ne pèse que sur les timides, les faibles et les petits : la liberté impose à tous, sans distinction de rang ou de fortune, des devoirs austères et de continuels sacrifices. Dans un monde où la vanité se nourrit de priviléges, où

l'intérêt personnel est la première des lois , on aurait
tort de s'étonner que les chaînes dorées de la tyrannie
aient plus d'aspirans que ces simples couronnes de la
liberté , qui enrichissent moins qu'elles ne parent. Et
d'ailleurs , Messieurs , si la liberté fut leur constitu-
tion primitive, le despotisme a marqué la plus longue
carrière des peuples ; ne doit-il pas laisser, parmi ceux
même qui l'ont répudié , de ces traces qu'un jour ne
saurait effacer ? Ah ! sans doute, la liberté a ses jours
de triomphe et de fêtes ! Quelquefois elle apparaît
aux peuples opprimés , comme une vierge imposante
et pure ; alors ils n'ont qu'une voix pour la saluer ,
qu'une volonté pour la conquérir : tous les bras se
tendent vers elle pour l'arracher à son sanctuaire et
l'élever sur l'autel de la Patrie. Elan sublime ! noble
enthousiasme ! dont le lendemain n'est presque toujours qu'un retour aux préjugés de la servitude , aux
repentirs de l'égoïsme ! Tant il est vrai , Messieurs ,
que ce qu'il y a de plus difficile , ce n'est pas de désirer
de conquérir la liberté : c'est de la comprendre et
d'en jouir. Elle ne s'est pas plus tôt assise au milieu
d'une nation , à côté du pouvoir , que mille passions ,
mille intérêts , mille souvenirs surgissent du passé ,
pour susciter autour d'elle le cortége frondeur des
regrets , des défiances et des craintes ; c'est contre elle
une conspiration permanente de l'erreur, de la cor-
ruption et de l'orgueil. Les traditions du despotisme
sont si profondes, qu'elles se propagent bien avant
dans l'ère de la liberté , la liberté que les peuples ne
sent jamais si près de perdre que lorsqu'ils la pos-

sèdent ! Il n'a pas fallu moins de quatorze siècles à la France pour arriver au 14 juillet 1789 ; mais de là au 18 brumaire, combien ? — Un peu plus de deux lustres !

Voilà , Messieurs , des considérations qui vous paraîtront peut-être bien étrangères à la cause qui m'amène aujourd'hui devant vous ; et moi , Messieurs , je les ai trouvées tout-à-fait appropriées à ma position : elles m'ont fait remonter à la source d'une singulière anomalie. En effet , Messieurs , comment arrive-t-il que moi , homme de paix et de solitude , je me trouve aujourd'hui entraîné dans cette arène si nouvelle pour moi , exposé aux regards de ce public nombreux , et forcé de produire mon innocence entre la gravité d'une accusation et la sévérité de votre ministère , quand ma conscience est pure de la pensée même d'un délit, quand je ne puis reconnaître dans le fait qui m'est imputé , que l'usage très-légitime et très-modéré d'un droit qui m'est garanti par les lois de mon pays ? Il y a donc quelqu'un ici qui ne comprend pas bien la liberté ! Est-ce l'accusateur , ou l'accusé ? ni l'un , ni l'autre , peut-être. Mais les attentats qui me sont reprochés , ils étaient signalés par des convictions plus ou moins sincères , ils étaient dénoncés dans des journaux * avant d'être spécifiés dans un réquisitoire. Au milieu de cet auditoire , dont la majorité , j'aime à le croire , sympathise avec un écrivain consciencieux

* Journal de l'Allier ; Gazette de France.

forcé de commenter juridïquement sa pensée , il en
est sans doute pour qui cette espèce d'humiliation est
un motif de joie secrète , et qui ne verraient dans ma
condamnation que le triomphe des bons principes ; et
ces hommes aiment pourtant à jouir des avantages de
la liberté ; ils auraient honte d'être soupçonnés de lui
porter rancune ! N'avais-je pas raison de vous dire ,
Messieurs , qu'il est plus facile de désirer et de conquérir la liberté , que de la comprendre et d'en jouir ?

Il y a déjà seize ans , Messieurs , qu'une Charte
constitutionnelle , sage concession d'un roi suivant les
uns , heureuse conquête d'un peuple suivant les autres,
est venue , entre autres priviléges , garantir à chacun
le droit de publier et de faire imprimer ses opinions. Il
était plus facile de faire entrer une liberté dans la
Charte que de l'en faire sortir : les cartons de la censure et les greffes des tribunaux nous apprennent comment celle de la presse a toujours été comprise par les
hommes du pouvoir. Et pourtant , ce pouvoir , il a
aussi ses momens de conscience et de logique ! Il arriva
donc qu'un jour on voulut bien reconnaître que l'article 8 de la Charte signifiait quelque chose , et que la
censure préalable était incompatible avec la liberté·
En même temps que la fraude était bannie de notre
système électoral , la presse échappait à l'arbitraire ;
et voilà ce que , dans un certain monde , on est con-
venu d'appeler de fatales et monstrueuses concessions !

Ce n'était pourtant qu'aux risques et périls de ses

organes , que la presse rentrait dans son indépendance. Mais , en France , une liberté est bien près
d'être conquise, quand il ne faut plus que du courage
et du dévoûment pour la conquérir. Vous avez vu ,
Messieurs , quel rapide essor la loi de juillet 1828
imprima tout-à-coup à la presse périodique et sur-
tout à la presse départementale. Le patriotisme avait
dormi long-temps dans nos provinces sous l'inextri-
cable réseau de la centralisation. Bientôt chaque lo-
calité étonnée apprit qu'elle possédait dans son sein
des capacités politiques et littéraires qui n'attendaient
que le moyen de se produire ; des hommes qui sa-
vaient dire la vérité et qui osaient la dire. Ce ne fut
pas sans effroi que chaque centre d'administration vit
se former auprès de lui un centre actif de contrôle et
d'opposition , une chaire permanente de légalité.

Nous ne fumes pas les derniers à nous jeter dans
cette carrière nouvelle , où le désir et le courage
d'être utiles comportent encore plus de dangers que
d'honneur. Vous savez, Messieurs , comment notre
persévérance fut mise à l'épreuve, et quel genre d'obstacles nous eumes à surmonter au début de notre
entreprise. Il nous a fallu passer à travers les rigueurs
de l'exil, pour conquérir , au milieu de nos conci-
toyens, le droit d'écrire en faveur de la Charte et de
la vérité. Le souvenir d'un jugement mémorable ,
rendu presque dans cette enceinte , est encore tout
palpitant. Nous sommes fiers de pouvoir l'invoquer
aujourd'hui , et de rappeler à nos juges, qu'après

six mois de combats dans une lice rendue encore
plus difficile pour nous par des circonstances que
nous n'avons jamais cherché à approfondir, nous n'a-
vions point démérité la bienveillance et la protection
de la justice.

Mais ces mêmes juges qui naguères nous couvraient
de leur égide , auraient-ils à s'en repentir aujour-
d'hui ? Par un usage malencontreux de la sagesse et
de l'équité, n'auraient-ils fait qu'assurer à des factieux
les moyens de propager le scandale , de fomenter la
sédition , de distiller plus facilement le poison des
doctrines anarchiques ? Voilà pourtant, Messieurs , ce
qui serait arrivé , si l'accusation qui nous traduit à
cette barre pouvait être justifiée !

C'est donc nous, Messieurs, qu'on aurait vu, abju-
rant tout-à-coup notre devise, tourner en dérision le
principe de la légitimité , prêcher la souveraineté du
peuple et *toutes ses conséquences* * , menacer insolem-
ment de la déchéance le frère , le successeur du Roi
qui nous a donné la Charte !

Ah ! Messieurs , je devrais m'effrayer à la seule idée
d'une accusation aussi grave ! mais elle s'est expliquée
devant vous, cette accusation. Eh ! bien , vous l'a-
voûrai-je ? je cherche encore le délit dans le corps du
délit même, et je me sens parfaitement rassuré. Tout
autre sentiment de ma part me semblerait une grave

* Expressions du *Journal de l'Allier.*

injure pour mes juges. Ne serait-ce pas renouveler cette singulière hyperbole d'un magistrat disant que « s'il était accusé d'avoir volé les tours de Notre- » Dame, il ne verrait rien de mieux à faire que de » prendre la fuite ? »

M. l'Avocat du Roi vous a présenté une analyse de mon article sur la *Prérogative royale*. Certes, s'il fallait l'en croire, cet article suerait la sédition et l'hérésie ; neuf passages vous ont été signalés comme renfermant les propositions les plus coupables. Sans vouloir porter la moindre atteinte à la confiance que mérite la perspicacité de M. l'Avocat du Roi, qu'il me soit permis d'opposer à celle qu'il vous a donnée une analyse que je crois aussi exacte, aussi digne de fixer votre opinion. On m'accordera peut-être, sur M. l'avocat du Roi, l'avantage d'une intelligence plus intime de ma propre pensée.

Qu'ai-je donc avancé, Messieurs, dans cet écrit séditieux dont vous avez entendu la lecture ?

J'ai parlé de la Charte (on nous force d'y revenir tous les jours), et j'ai dit qu'elle est pour nous un fait accompli ; qu'à ce titre nous devons la respecter comme l'arche sainte.

J'ai parlé de l'état actuel de la société en France, et j'ai dit qu'elle se trouve constituée sur des bases raisonnables et qu'il nous importe à tous de maintenir ; j'ai reconnu que la Charte contenant la sanction et la

garantie de toutes les libertés que nous pouvons désirer comme individus et comme peuple, le mieux
était de jouir avec sagesse de ce que nous avons, sans
nous enquérir pourquoi et comment nous l'avons.

J'ai parlé de la légitimité (car les organes du pouvoir semblent avoir pris à tâche, depuis huit mois,
de remettre en question tout ce qui semblait résolu);
j'ai donc parlé de la légitimité, et j'ai dit, conformé-
ment aux règles de l'étymologie, que c'est la loi seule
qui fait la légitimité; avec tous les publicistes, que la
volonté du peuple a fait la loi; avec l'histoire, qu'en
France, l'origine plébéienne de la royauté est incon-
testable, et que dans cette vénérable origine est le
secret de sa prodigieuse durée de quatorze siècles.

Enfin, Messieurs, abordant à mon corps défendant
une question de vive et dangereuse controverse, j'ai
parlé de la prérogative royale, et j'ai dit « qu'elle est
dans la Charte, et, partant, hors de toute discussion;
qu'elle est indispensable à l'équilibre constitutionnel;
j'ai demandé qu'elle s'exerçât dans toute sa plénitude. »

Voilà, Messieurs, le fond et la substance de mon
article, en voilà les propositions principales et les plus
explicitement exprimées; le reste n'est présenté que
sous une forme hypothétique : c'est une argumenta-
tion par supposition.

Maintenant, je vous le demanderai, Messieurs,

dans laquelle de ces propositions que je viens d'énon-
cer trouverait-on à signaler une pensée d'anarchie et
de sédition ? Où est l'attaque contre la dignité royale ?
où est la dérision contre le principe de la légitimité ?
où est l'expression qui ne soit pas conforme à nos lois,
à la raison, à l'histoire ?

Que dis-je ? après un respect si nettement professé
pour la Charte , pour la prérogative royale , pour la
véritable légitimité enfin , comment me supposer l'in-
tention d'attaquer le Roi dans ses droits constitutionnels , de contester son inviolabilité , de prêcher la
souveraineté du peuple ! mais ce serait m'accuser d'une
inconséquence qui irait jusqu'à la folie ! Alors comment se fait-il , Messieurs , que je sois amené à m'expliquer devant vous : c'est à Charenton qu'il faudrait
m'envoyer.

Il est vrai , Messieurs , que , contrairement à
M. Cottu (je parle d'un magistrat , mais d'un magistrat agissant hors du cercle de sa compétence : il
m'est permis de n'être pas de son avis) , contrairement aussi à ces docteurs qui font dans le *Drapeau
Blanc* de la polémique à coups de mousquet et d'é-
pée; contrairement encore aux casuistes de la *Quotidienne* et aux sophistes de la *Gazette de France*, j'ai
osé contester la doctrine du droit divin... *Infandum !*

Je crois pourtant, Messieurs, que ce n'est pas sé-
rieusement qu'on voudrait me faire un crime d'avoir
consigné dans un journal une opinion qui est dans

toutes les histoires et dans tous les livres , depuis la
Bible jusqu'à Montesquieu. Et vous, Messieurs, vous
ne prétendez pas , sans doute, vous constituer contre
moi les vengeurs de l'infaillibilité méconnue de M. Cottu,
du *Drapeau Blanc*, de la *Gazette de France* et de la
Quotidienne ?

Je ne voudrais pas , Messieurs, faire de cette enceinte
une Sorbonne, ou convertir ce banc des accusés en
une chaire de droit politique ; mais qu'il me soit permis de vous indiquer , aussi sommairement que possible , quelques-unes des conséquences de la doctrine
du droit divin. Ici, Messieurs, je tiens à vous le décla-
rer, ce n'est point une accusation que je combats :
c'est une opinion que je justifie.

Dans les temps d'ignorance et de barbarie , alors
qu'il n'y a d'autre frein contre la violence et l'insu-
bordination que la terreur, je conçois que la royauté
ait besoin de se recommander aux respects et à la
crainte des peuples, par le prestige d'une origine toute
mystérieuse. Les peuples barbares ressemblent beaucoup aux enfans : ils ont peu de respect pour leur
propre ouvrage ; pour eux, la plus belle institution
sortant du sein même de l'humanité ne serait que pré-
caire et méprisable : partout ils veulent voir la sanction des miracles. Aussi , pour être forte et majes-
tueuse aux regards de la multitude, la royauté, comme
les Tables de Moïse , devra-t-elle descendre du ciel et
se manifester au milieu des éclairs et du tonnerre. Là

où la raison n'est pas encore développée, c'est à l'ima-
gination qu'il faut parler. L'obéissance des peuples
fut un calcul de la terreur avant d'être un calcul de
l'intérêt ; et tout gouvernement ne fut, sans doute,
qu'un joug violent , avant d'être un pacte social.

La doctrine du droit divin n'est donc que la politique
des âges grossiers : c'est la consécration du despotisme.

Voulez-vous avoir le portrait d'un roi constitué en
vertu du droit divin ? Ecoutez, Messieurs, comment
Samuel annonce aux Hébreux les prérogatives de leur
premier roi : « Voici le manifeste du roi qui régnera
» sur vous : il prendra vos enfans, il les emploiera au
» service de son char et de ses chevaux ; ils courront
» devant lui et devant ses attelages de guerre ; il en
» fera des soldats , des chefs de mille , des chefs de cin-
» quante hommes ; il les emploiera à labourer ses
» champs, à faire ses moissons, à fabriquer ses ins-
» trumens de combat, et ses armes et ses chars ; il
» prendra vos filles , et en fera ses parfumeuses , ses
» cuisinières , ses boulangères ; il s'emparera de vos
» champs de blés , de vos vergers d'oliviers , de vos
» clos de vigne ; il les donnera aux gens de son service ;
» prendra la dîme de vos grains et de vos vins pour
» la donner à ses eunuques, à ses serviteurs ; il enlè-
» vera vos esclaves ou serviteurs, mâles et femelles ,
» ainsi que vos ânes, et tout ce que vous aurez de
» meilleur dans vos biens sera à son service; il dîmera

» sur vos troupeaux, et de vos propres personnes il
» fera ses esclaves. » *

Certes, ce n'est pas là le beau idéal pour les peuples ! croit-on que ce soit du moins le beau idéal
pour la royauté ? Qu'on ne s'y trompe pas, Messieurs,
la doctrine du droit divin n'a d'autre résultat que d'é-
tablir sur toute puissance humaine la suprématie du
sacerdoce; et si le roi lui-même n'est pas le prêtre, il
n'est que la créature du prêtre ; le sceptre n'est dans
ses mains qu'un insignifiant symbole, s'il n'y joint pas
le privilége de l'encensoir. Cette investiture du pouvoir divin peut-elle être pour lui autre chose qu'une
dangereuse et humiliante sujétion, s'il ne peut corres-
pondre avec la divinité que par le canal d'un tiers
privilégié ? Samuel n'est-il pas autant au-dessus de
Saül, que Saül est au-dessus du dernier des Hébreux ?
car si le roi a le droit de vie et de mort sur le sujet,
le prêtre n'a-t-il pas sur le roi le privilége de la consécration et de l'anathême ? Et remarquéz bien, Messieurs, cette conséquence inévitable du principe :
Saül est encore roi; mais il a encouru la disgrâce de
Samuel, et déjà l'huile qui donne la consécration
royale a coulé sur le front de David. Saül n'est plus
roi, que lui-même et sa race s'humilient devant le
nouvel *oint du Seigneur* ! Eh ! bien, Messieurs, que
devient la légitimité, et l'inviolabilité de la personne
royale, et le droit d'hérédité dans la famille élue ?
tout cela disparaît avec la doctrine du droit divin.

* Livre *des Rois*.

Mais voici d'autres conséquences. Si la royauté vient
de Dieu, elle est une, indivisible, sacrée ; elle prend
tous les caractères d'un dogme et rentre dans le do-
maine de la foi ; il ne sera pas plus permis d'en retrancher ou d'y changer quelque chose, qu'il ne serait
permis de retrancher ou de changer quelque chose au
symbole du catholicisme. Que suit-il de là, sinon que
la royauté ne doit avoir qu'un représentant visible sur
la terre ; et ce représentant, quel sera-t-il, sinon le
chef visible de l'église, le dépositaire et le conserva-
teur de la foi, celui qui représente en ce monde *le
pontife éternel selon l'ordre de Melchisédech*, comme
dirait l'*Apostolique ?* Nécessairement et toujours, la
doctrine du droit divin aboutit à la théocratie. Allons,
rois, et vous, peuples, prosternez-vous sur les degrés
du Vatican ! le rêve ambitieux de Grégoire VII est
réalisé.... Que l'ombre de Boniface III tressaille dans
la tombe !

Grâces à la doctrine du droit divin, ceux que nous
appelons des rois ne sont donc plus que des évêques
séculiers, et comme la mître, leur couronne relève
de la tiare. Malheur à eux, si, méconnaissant leur
origine, *ils rejettent la souveraineté spirituelle de l'é-
glise, s'ils veulent constituer en eux une souveraineté
matérielle inadmissible ;* CAR LE SEIGNEUR LES BRISERA
AU JOUR DE SA COLÈRE !... Je vous prie de croire, Messieurs, que ce n'est pas moi qui parle ainsi : je ne fais
que reproduire les paroles d'un journal que j'ai déjà
nommé, l'*Apostolique* : celui-là, du moins, il peut

dire toute sa pensée ; il ne sera point poursuivi : ses doctrines ne peuvent compromettre que la Charte !

Mais puisque la royauté vient de Dieu, à Dieu seul appartient donc le droit de la modifier ; c'est-à-dire, qu'elle est immuable. Tout acte qui tendrait à altérer sa forme primitive, à aliéner une portion quelconque de ses attributions (et vous les connaissez !), est attentatoire à la divinité : c'est un sacrilége ; le serment par lequel on voudrait sanctionner un pareil acte serait un blasphême. Eh ! bien, Messieurs, quel nom donnerez-vous à la Charte constitutionnelle ? comment qualifierez-vous les sermens de Reims ? Ecoutez encore l'*Apostolique* et ses adhérens : *La Charte est une loi athée, abominable, impie ! les plus saints n'oseraient répondre du salut de* Louis XVIII.

Messieurs, je ne pousserai pas plus loin cet examen ; par ses conséquences immédiates, rigoureuses, la doctrine du droit divin est jugée ; je ne pense pas qu'elle rencontre beaucoup de partisans dans cette enceinte ; je ne pense pas que personne ici soupire pour les douceurs et les bienfaits de la théocratie ; que personne regrette de n'avoir pas vécu Égyptien, quand les Pharaons formés aux censures du sacerdoce, devaient se donner la mort, dès qu'ils en auraient reçu l'ordre de l'Hiérophante ; Hébreu, pour jouir de la liberté promise à ce peuple sous le sceptre de Saül ; Mexicain, pour connaître la splendeur de ces Incas, fils du soleil, régnant sous l'autorité du sacerdoce, et devant fournir des hécatombes humaines aux autels de leur Dieu, chaque fois que le pontife annonçait que le *Dieu avait faim.* En parcourant les annales de ces antiques habitans de cette terre qui est devenue notre patrie, qui n'a frémi des horreurs du despostisme druidique ? Qui ne s'est pas indigné, en lisant dans notre propre histoire, les humiliations dont plusieurs de nos Rois ont été abreuvés, par application de la doctrine du droit divin ?

Je passe au second grief articulé dans le réquisitoire : celui d'avoir cherché à établir le principe anarchique de la souveraineté du peuple.

Quand il serait vrai, Messieurs, que j'eusse émis une théorie favorable à cette souveraineté, je ne me croirais pas justiciable d'un autre tribunal que celui de l'opinion. Car tant que je me renferme dans le vague des généralités, tant que je ne me permets aucune application contraire à l'ordre politique établi parmi nous, je ne fais rien de nuisible ; j'use d'un droit qui ne saurait m'être légitimement contesté, celui de faire de ma raison un usage plus ou moins rationel, et voilà tout. Dieu n'a-t-il pas abandonné ce monde aux discussions des hommes ? Irez-vous demander un compte juridique de sa doctrine à l'apôtre du droit divin ? Pourquoi sous l'empire d'une loi commune, moi, l'apôtre d'une doctrine contraire, ne jouirais-je pas de la même prérogative que M. Cottu, ou qu'un écrivain de l'*Apostolique* ?

Mais je n'ai pas besoin de me retrancher dans ce moyen préjudiciel ; je n'ai point érigé la souveraineté du peuple en principe.

J'ai pu dire, sans être suspect de démagogie, que *l'existence matérielle des sociétés est antérieure à leur organisation politique*, et je l'ai dit, parce que cela tombe ainsi sous mon intelligence, parce que cela me paraît aussi évident que si j'avais dit que la cause est antérieure à l'effet. Que si quelques-uns ne partagent pas mon opinion, libre à eux de la combattre ; mais ils me permettront d'y persister, jusqu'à qu'ils m'aient prouvé que le cadre de la société primitive se trouvait organisé par prévision comme le cadre d'un régiment, et que les hommes, en arrivant au monde, s'y sont trouvés immédiatement casés, suivant un certain ordre hiérarchique préétabli.

Mais cela ne me paraissant pas facile à démontrer, il m'a semblé tout naturel de penser que les gouvernemens avaient été institués par les peuples et probablement pour eux ; j'ai conclu de là que les peuples devaient avoir des droits *antérieurs* aux prérogatives de la couronne. Quels droits, me demanderez-vous ? Mais vraisemblablement celui d'être gouvernés à certaines conditions ; comme d'être protégés sous le rapport des personnes, des propriétés, du culte, etc. J'ai encore assez bonne opinion de l'espèce humaine, pour me refuser à croire qu'elle soit échue comme un troupeau au premier occupant. Et remarquez bien, Messieurs, qu'en parlant de ces droits des peuples, je me suis borné à dire qu'ils étaient *antérieurs* ; n'aurai-je pas dit *supérieurs* aux prérogatives de la couronne, si j'avais cherché a établir le principe de la souveraineté du peuple? l'antériorité, circonstance purement temporelle, n'implique pas, que je sache, l'idée nécessaire de supériorité.

Raisonnant toujours d'après la même hypothèse, car en semblable matière, on ne peut raisonner que par hypothèse, j'ai dit qu'avant d'être à la royauté le pouvoir était dans le peuple.

A la royauté, *dans* le peuple. Ici, Messieurs, je dois vous arrêter sur la forme grammaticale, car dans cette forme est tout le fond de ma pensée.

Le pouvoir est *à* la royauté, c'est-à-dire qu'elle le possède à titre de propriété, chose inviolable, sacrée, qu'on ne pourrait lui ravir sans commettre une violence, une usurpation.

Le pouvoir était *dans* le peuple, et non pas *au* peuple. Etre collectif, divers, complexe, le peuple n'est pas fait pour posséder le pouvoir ; car il ne saurait être doué de cette spontanéité de vouloir, de cette unité d'action indispensable à l'exercice régulier du pouvoir. Ce pouvoir était donc *dans* le peuple ; mais comment y était-il? à l'état de sommeil et d'inertie, comme le feu est dans le caillou. Or, le feu ne prend une forme sensible que quand il a été tiré du caillou et communiqué à un corps susceptible de lui fournir un aliment. Ainsi le pouvoir dont le principe est dans

le peuple n'a pu se manifester à la société, qu'en s'é-
chappant du sein populaire qui le recélait ; et c'est
alors que, pour les gouvernemens monarchiques, il a
été transporté à la royauté, qui lui a imprimé le mou-
vement et la vie. Ainsi, Messieurs, dans ma pensée,
et c'est en conscience que je parle ; le peuple , source
du pouvoir , ne doit pas , ne peut pas être le sou-
verain , de même que le caillou, réceptacle du feu,
ne peut pas être le flambeau. Puisque j'ai d'abord em-
ployé cette figure, par trop triviale peut-être, je ne la
quitterai pas, Messieurs , qu'elle ne m'ait servi à vous
expliquer ma doctrine toute entière. Ici , point d'ar-
rière-pensée, point de vain subterfuge.

De même que le feu tiré une première fois de la
pierre, n'a pas épuisé l'élément que la pierre recèle, de
même le pouvoir tiré une première fois du sein du peuple, n'y a pas épuisé le principe du pouvoir. Mais tant
que le corps qui a reçu la première étincelle pourra lui
fournir un aliment, on ne demandera pas à la pierre une
seconde étincelle. Ainsi, tant que l'homme ou la famille primitivement dépositaire du pouvoir émané du
peuple subsistera , on ne demandera pas à ce peuple
une seconde émanation du pouvoir. Voilà donc, à ma
manière , le principe de la légitimité incontestable-
ment reconnu.

Mais le feu peut s'éteindre, me dira-t-on, avant d'a-
voir absorbé le combustible destiné à le nourrir ; ainsi
le pouvoir ne peut-il pas périr dans les mains même

qui l'ont reçu? Messieurs, si la Vestale a été négligente,
si l'imprudence a égaré l'homme de la royauté , à qui
la faute? Est-ce le caillou qui a demandé à être frappé
de nouveau ? Est-ce le peuple qui a voulu être soumis
à une commotion nouvelle ? Le peuple, Messieurs, il
aime le repos , la stabilité , la gloire ; il aime aussi
l's longues dynasties: notre histoire en fait foi. Quant
à la royauté , il ne la demande pas pour lui-même ,
parce qu'il sent bien qu'entre ses mains elle serait tur-
bulénte , orageuse , exclusive de tout ce qui peut con-
courir à son bonheur, à sa prospérité.

Maintenant , Messieurs , que ma pensée s'est pro-
duite devant vous, sans voile et dans toute son ingé-
nuité , vous ne verrez plus dans mes paroles une inso-
lente proclamation d'anarchie et de révolte. Vous n'y
verrez qu'une opinion qui doit échapper à votre blâme ,
lors même qu'elle n'obtiendrait pas votre assentiment ,
puisque cette opinion peut se concilier , sans effort ,
avec tout ce qui a droit à nos respects , à notre dévoûment , à notre sollicitude, comme citoyens. En vain ,
vous aura-t-on parlé d'une profession d'athéisme et de
démagogie , vous ne verrez point un double blasphême
dans cette pensée que le *pouvoir de la royauté vient des
peuples et nullement de Dieu.* Vous vous rappellerez, Messieurs , que nous vivons dans un temps d'examen et de
discussion , c'est-à-dire, d'incrédulité peu docile. Le
merveilleux nous touche peu : l'âge mûr ne saurait
hériter des illusions de l'enfance. Nous respectons assez
la divinité , pour ne pas la faire intervenir , à tout pro-

pos., dans les affaires de ce monde, dont les plus graves sont quelquefois si ridicules ; nous expliquons, autant que possible, les choses de l'humanité par des circonstances humaines. Cela n'est pas si poétique; mais cela est plus positif, plus approprié à notre nature, plus abordable à notre intelligence. Que voulez-vous ; le monde a fait tant de chemin depuis les âges héroïques ! Et quand le plus mince écolier en physique pourrait nous reproduire le miracle de la croix de Migné, pourquoi voudrait-on nous forcer à nous prosterner devant le miracle de la colombe apportant à Saint Remi la fiole de Samuel ? *

Me voici arrivé au troisième grief exprimé dans l'accusation. Est-il vrai que j'aie menacé le Roi de la déchéance ?

Il est dur, Messieurs, d'avoir à se justifier d'un crime, quand on croyait avoir rempli un devoir. Les Rois ont des droits incontestables à notre dévoûment, car leur gloire et leur prospérité forment une portion du patrimoine national. Mais le dévoûment qui s'adresse aux Rois est de deux espèces : il y a le dévoûment de la flatterie et celui de la franchise. Le premier donne des cordons, des titres, des pensions; le second donne la disgrâce et quelquefois l'exil; mais c'est le seul qui honore le sujet et qui soit utile au Prince, le seul qui convienne dans un gouvernement constitutionnel : c'est

* La Sainte-Ampoule.

celui que nous avons choisi. *La vérité est le premier be-*
soin des Rois, disait Charles X , dans une occasion so-
lennelle. En général, les Rois aiment la vérité; mais ce
qu'il y a de fâcheux pour elle , c'est qu'elle déplaît
souverainement aux courtisans, aux ministres des Rois,
aux préfets des ministres , aux employés des préfets.
Aussi à quels dangers n'est-ce pas s'exposer que de se
consacrer au service de la vérité ! Serait-ce une raison
pour y renoncer , pour laisser insatisfait le premier
besoin des Rois ? Non, Messieurs; d'ailleurs , la vérité
a tant de voies aujourd'hui pour arriver à son adresse,
qu'il y aurait presque de la félonie à s'arrêter devant les
obstacles de cour, devant les barrières bureaucratiques
et administratives qu'on lui oppose.

Et ne se présente-t-il pas quelquefois dans les annales du pouvoir de ces momens de péril et de crise,
où la franchise devient, pour le sujet le plus humble, le
plus impérieux des devoirs : *Salus populi suprema lex*
esto. Or, quand un trône est en péril, toute une nation est remuée jusques dans ses entrailles. Eh ! bien ,
Messieurs, si, depuis plusieurs mois, des symptômes
alarmans s'étaient manifestés dans l'atmosphère politique ; si des hommes, dont les noms seuls réveil-
lent des idées d'ancien régime, de proscription, de
déloyauté , étaient apparus au pouvoir ; si , sous
le manteau ministériel, des théories d'arbitraire avaient
été développées ; si des projets téméraires avaient été
agités; si des pensées de violence et de parjure s'étaient
produites; si des menaces contre nos libertés les plus

chères avaient été proférées; si les doctrines les plus
étranges, les plus subversives avaient été exhumées de
la poussière du XIIIᵉ siècle par une faction pour qui
le beau idéal du pouvoir est toujours dans l'absolutisme; si des souvenirs funestes avaient été invoqués
contre nos conquêtes constitutionnelles; si la nation
était journellement calomniée autour du trône; si la
royauté était sans cesse montrée à la nation dans un
appareil de guerre et prête à *monter à cheval*, ne de-
vrait-on pas en conclure qu'il se prépare dans la société
où ces symptômes se manifestent, quelque chose d'ex-
traordinaire et de sinistre ? Faudra-t-il, dans le silence
de la crainte ou d'un respect qui ne serait que coupable,
laisser à l'*esprit de vertige et d'erreur*, tout le temps de
s'emparer de la conscience royale ? Faudra-t-il se con-
tenter de gémir des malheurs que l'on prévoit, quand
un mot, quand une plainte, quand un généreux *qui
vive* pourraient signaler le danger et conjurer l'orage?

Qui êtes-vous pour régenter la royauté, pour admo-
nester le pouvoir? Le trône a-t-il besoin de vos ensei-
gnemens ? — Eh ! Messieurs, que sait-on ? La prévoyance
n'est-elle pas échue à la fourmi ? La sagesse n'est-elle
pas quelquefois dans la bouche des enfans ? Un mot de
l'humble Mardochée n'a-t-il pas renversé le superbe
Aman ? Le murmure de la brise ne concourt-il pas à
grossir la voix de l'orage ? Messieurs, le monopole de
la vérité n'appartient à personne : la franchise est à l'u-
sage de tous ceux qui veulent s'en servir !

Eh ! bien , nous avons vu que les folles entreprises du pouvoir le conduisent à sa chûte. L'histoire nous montre des dynasties compromises , déshéritées pour avoir voulu élever trop haut les prérogatives de la couronne. Pourquoi ne le dirions-nous pas ? N'y a-t-il pas, pour les Rois constitutionnels , une grande leçon dans la fortune des Stuarts ? N'y en a-t-il pas une encore dans cette postérité errante de l'ambitieux et violent Gustave III , tandis qu'un guerrier sorti de nos rangs , est assis sur le trône de Charles XII ? Mais , pourquoi chercher au loin des exemples , quand nous avons sous nos yeux la chûte épouvantable de ce chef aventureux d'une dynastie qui promettait de s'élever aussi grande , aussi forte que celle de Charlemagne ? Oui , j'ai dit que c'est par l'abus du pouvoir que périssent les dynasties , parce que c'est une vérité et une vérité qui me paraissait bonne à dire dans les circonstances où nous nous trouvons. Oui , j'ai dit que la prérogative écartée de son orbite légale échapperait aux mains qui l'auraient égarée , parce que c'est ma conviction , le cri de ma conscience ; parce que cela est arrivé ainsi, et que les mêmes causes produisent les mêmes effets. On appelle cela une menace ! Quoi ! la prévision d'un malheur dans une circonstance donnée , est une menace ! C'est une menace que de signaler un écueil, que de prémunir contre un danger ! Alors ,Messieurs, je ne sais plus quels noms donner aux choses : votre décision m'apprendra si la franchise est un crime et la prévoyance un délit.

SECOND PROCÈS

DE LA

GAZETTE CONSTITUTIONNELLE

DE L'ALLIER.

POST-SCRIPTUM.

Tandis qu'on imprimait cette brochure, de nouvelles rigueurs sont tombée, sur la *Gazette constitutionnelle*; le numéro du 10 mars a été saisi, et des mandats de comparution ont été décernés contre M. Adolphe Michel, gérant responsable, H. Bodin, collaborateur, et Desrosiers, imprimeur de cette feuille, à l'occasion 1o d'un article de M. H. Bodin, où, parlant de la DÉFENSE qu'on vient de lire, il exprime la pensée qu'il était plus facile d'emprisonner l'auteur que de lui répondre; 2o d'un second article intitulé *Mosaïque*, contenant quelques plaisanteries sur l'orthographe et le style du magistrat qui présidait l'audience où M. Adolphe Michel a été condamné, et qui a rédigé le jugement que nous avons rapporté plus haut.

Suivant le réquisitoire de M. le procureur du roi, les deux articles incriminés contiendraient le délit d'injures commises envers le tribunal de police correctionnelle de Moulins, à l'occasion de l'exercice de ses fonctions, délit prévu par l'article 5 de la loi du 25 mars 1822.

M. Ad. Michel avait, à l'occasion de ces nouvelles poursuites, rédigé un article qu'il se proposait de publier dans sa feuille supplémentaire du dimanche 14 mars, mais dont la censure de son imprimeur, M. Desrosiers, ne lui a pas permis l'insertion.

Nous donnons ici cet article : les phrases guillemetées sont celles dont la censure de M. l'imprimeur exigeait la suppression. On verra que cette censure se montrait surtout pleine de sollicitude pour l'amour-propre de M. le vice-président P...., et nous nous plaisons d'autant plus à le faire remarquer, que c'est une circonstance à faire valoir en faveur de M. Desrosiers, dans le cas où il aurait le malheur de partager la prévention qui doit amener prochainement MM. Michel et Bodin sur les bancs de la police correctionnelle.

Notre second Procès.

Quand nous serons à cent, nous ferons une croix.

L'ère de la persécution a commencé pour la *Gazette constitutionnelle*; elle a sans doute plus d'un titre à la haine des absolutistes, et ses jeunes rédacteurs s'en honorent. A un jugement qui n'a été pour nous l'objet d'aucune réflexion, et auquel, malgré le cri de notre conscience, nous sommes disposés à nous soumettre, ont succédé un nouveau réquisitoire et une saisie. De quoi s'agit-il? Avons-nous encore menacé le trône et l'autel? avons-nous par des *doctrines anarchiques* et des *déclamations incendiaires*, compromis le repos de la France et la perpétuité de la dynastie? — « Nous avons
» fait bien pis que cela ! Nous avons prouvé qu'un
» président de police correctionnelle n'était pas tou-
» jours un académicien, et qu'en dépit du *droit di-*
» *vin*, on pouvait manquer aux règles les plus simples
» de la syntaxe. » Nous nous sommes permis de nous prévaloir d'une distraction de magistrat, pour donner à certains adjectifs une désinence inusitée !!! Suivant un axiôme de palais, nous avions vingt-quatre heures pour maudire nos juges, et nous ne les avons point maudits; mais nous avons trouvé un côté plaisant dans une affaire grave et sérieuse, et nous l'avons saisi.

Jeunes , français , étourdis , si l'on veut , quelle puissance nous aurait empêchés de rire , quand il nous
restait encore un quart-d'heure pour le faire, et quand
le ridicule nous tombait sous la main ? « Mais notre
» gaîté s'est heurtée à des amours-propres ; nos traits
» ont frappé de front certaines vanités, et la loi n'aura
» peut-être pas de textes assez menaçans , pour châ-
» tier tant d'impertinence ! » Naguères c'étaient, dit-
on , la personne et les droits du Roi , qui étaient *directement* attaqués dans la *Gazette constitutionnelle*, et
l'on ne songea même pas à en arrêter la circulation.
Aujourd'hui , il s'agit de quelques *concetti* sans ai-
greur , de quelques innocens *lazzis* dirigés contre des
initiales, et la *Gazette constitutionnelle* est impitoyable-
ment saisie ! comme si la paix du département et la
tranquillité de la France eussent été compromises, en
apprenant que « M. le vice-président P.... avait un
» système d'orthographe particulier, et des formules
» oratoires qui bravent les règles du purisme acadé-
» mique ! » Mais n'a-t-on pas encore découvert un
grave délit dans l'expression mesurée d'une généreuse
amitié !.... Il ne sera donc plus permis de se livrer pu-
bliquement à l'expression des sentimens les plus no-
bles ! Il faudra donc que , sous l'empire d'une loi de
liberté , la presse soit tellement esclave , que l'amitié
même n'ait plus de voix pour consoler , et que la folie soit obligée de cacher sa marotte sous un manteau
de deuil ! Nous ne savons où l'on veut en venir avec
ce système de persécution ; si c'est notre silence qu'on
veut obtenir , on ne l'obtiendra pas !..... Nous le dé-

clarons, à l'aspect de cette prison qui va bientôt s'ou-
vrir pour nous, nos intentions sont droites et pures ;
nous combattons pour la raison, pour l'ordre, pour la
liberté ; rien ne saurait étouffer notre voix. Il y a quelque chose qui brave les réquisitoires et qu'on ne pourra
jamais emprisonner : c'est la pensée d'un homme de
cœur et de conscience.

ADOLPHE MICHEL.

www.ingramcontent.com/pod-product-compliance
Lightning Source LLC
Chambersburg PA
CBHW070822210326
41520CB00011B/2070